As Cinco Marcas da Missão

Esta série é uma coleção de documentos e artigos breves e acessíveis da Rede Global Miquéias, desenvolvidos como resposta à necessidade de declarações abalizadas e confiáveis sobre temas chave. Ela forma uma base de ideias históricas e também atuais que contribuem para a nossa compreensão e prática da missão integral. O objetivo é promover reflexão, diálogo, articulação e ação com relação aos principais conceitos e questões que nos movem em direção à missão transformadora.

Trata-se de um recurso essencial para profissionais, teólogos, estudantes, líderes e professores.

Série M da im:press

Títulos publicados:

Integral Mission: Biblical Foundations [Missão Integral:
Fundamentos Bíblicos}
de Melba Maggay

The Five Marks of Mission: Making God's mission ours
[As Cinco Marcas da Missão: Fazendo nossa a missão de
Deus] de Chris Wright

Em processo de preparação:

Towards Transformed Honour [Rumo à Dignidade
Transformada], por Arley Loewen
Paying the Unpaid Debts [Pagar aDívidas não Pagas] de
Flip Buys

As Cinco Marcas da Missão: tornar nossa a missão de Deus

Chris Wright
Diretor de Ministérios Internacionais
Langham Partnership

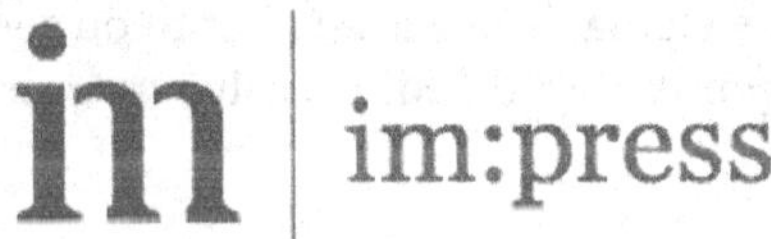

Introdução

Por onde devemos começar?

Um dos campos mais férteis de discordância entre os cristãos é o que entendemos por "missão". Discutimos o que é missão, quem faz missão da maneira correta, onde ela deve acontecer, o que ela inclui ou exclui, quais seus objetivos imediatos ou finais, o que seria considerado "sucesso" e quando iremos atingi-lo.

Algumas vezes a causa de tanta discordância é a nossa tendência de ter um conceito de missão muito homocêntrico. Parece que quando o nosso foco primário são as pessoas, sejam elas o "alvo" da missão ou os agentes da atividade missionária, acabamos envolvidos na mesma argumentação infindável sobre as respectivas necessidades e prioridades. O que a missão integral deveria incluir? O que uma "igreja missional" deveria estar fazendo? Esse tipo de discussão tem seu lugar, obviamente, já que devemos tentar pensar claramente sobre o que fazer e por quê. Porém, o nosso ponto de partida adequado ao definir missão biblicamente deveria ser, em primeiro lugar, a missão de Deus. O que a Bíblia nos fala sobre o plano e o propósito global de Deus para toda a criação e para a raça humana? Porque se há qualquer missão onde devemos nos engajar, ela deve, com certeza, estar ligada de alguma forma à missão do Deus que nos criou e redimiu.

A Missão de Deus

ENTÃO, qual seria o grande plano e propósito de Deus? Uma das respostas mais concisas a essa pergunta foi dada por Paulo. Deus "nos revelou o mistério da Sua vontade, de acordo com o Seu bom propósito que Ele estabeleceu em Cristo, que será cumprido na plenitude dos tempos - de fazer convergir em Cristo todas as coisas, celestiais ou terrenas" (Ef. 1: 9-10). Quando Paulo fala da "vontade de Deus", ele não quer dizer geralmente a orientação pessoal de Deus para as novas vidas individualmente, mas Sua vontade "soberana", Seu grande propósito cósmico que atravessa o tempo e o espaço.

Paulo diz que o plano de Deus é trazer cura e unidade a toda a criação através de Cristo. A missão de Deus é redimir toda a criação, destruída pelo pecado e pelo mal, tornando-a uma nova criação, povoada pelos redimidos de todas as culturas, através da cruz e da ressurreição de Cristo. Eu penso que isto é o que Paulo queria dizer com "todo o conselho de Deus" (Atos 20: 27). É o plano de Deus desde o Gênesis até o Apocalipse. Inclui toda a grande narrativa bíblica: Criação - Queda - Redenção - Nova Criação, centrados e unidos em Cristo."

> A missão de Deus é redimir toda a criação através da cruz e da ressurreição de Cristo

[1]Portanto, missão é fundamentalmente a ação de Deus, conduzindo toda a história à Sua gloriosa conclusão. Por esse motivo, quando o Compromisso da Cidade do

---

1   Esta é uma convicção que analiso com bastante profundidade e amplitude em: The Mission of God: Unlocking the Bible's Grand Narrative [A Missão de Deus: Descerrando a Grande Narrativa Bíblica] (InterVarsity Press: 2006).

Cabo em 2010 define a missão com a qual estamos comprometidos, ele muda abrupta e imediatamente para um resumo da missão do próprio Deus.

> Estamos comprometidos com a missão mundial, porque ela é central para o nosso entendimento de Deus, da Bíblia, da Igreja, da história humana e do futuro. Toda a Bíblia revela a missão de Deus de fazer convergir em Cristo todas as coisas nos céus e na terra, reconciliando-as através do sangue de Sua cruz. Ao cumprir esta missão, Deus irá transformar a natureza destruída pelo pecado e pelo mal em uma nova criação, onde não haverá mais pecado nem maldição. Deus irá cumprir Sua promessa a Abraão, de abençoar todas as nações da terra através do evangelho de Jesus, o Messias, a semente de Abraão. Deus irá transformar o mundo fragmentado de nações espalhadas sob o julgamento de Deus em uma nova humanidade que será redimida pelo sangue de Cristo de toda tribo, nação e língua, reunidas para adorar nosso Deus e Salvador. Deus destruirá o reino da morte, da corrupção e violência quando Cristo voltar para estabelecer Seu reino eterno de vida, justiça e paz. Então Deus, o Emanuel, viverá conosco e o reino do mundo se tornará o reino de nosso Senhor e de Seu Cristo e Ele reinará eternamente.[2]

Podemos dizer "Aleluia, Amém!" diante disto. Deus seja louvado pela grande missão que Ele irá cumprir, com toda a certeza. Mas permanece a pergunta: e nós? Quem somos nós, como povo de Deus, e para que estamos aqui? Qual é a nossa missão? A declaração acima deveria ao menos nos preparar para esperar uma resposta mais ampla a esta pergunta. Pois se a Bíblia nos mostra que a grande missão de Deus é tão abrangente, então a missão da igreja deve ser também vasta e

---

2 Compromisso da Cidade do Cabo I.10 https:www.lausanne org/content/ctc/ ctcommit-ment

de longo alcance. Obviamente, não no sentido de que podemos fazer tudo aquilo que Deus faz; mas que quando Deus nos chama para participar com Ele no cumprimento de Seus grandiosos propósitos para a criação e para a humanidade, Ele nos convida a participar de uma agenda bastante ampla.

Essa última frase demonstra o ponto crucial de que a nossa missão é participar com Deus da missão divina. O que fazemos em obediência ao mandamento e ao envio do Senhor Jesus Cristo deve refletir e incorporar o que o próprio Deus está fazendo, ou aquilo que Ele deseja que seja feito no Seu mundo. Sim, somos "enviados por Deus" - esta é uma dimensão essencial da missão bíblica. Porém, em outro sentido, missão é "colaborar com Deus"; ir com Ele, ser chamado e conduzido por Ele para os lugares onde Ele já está trabalhando e para as tarefas onde Deus já está envolvido. Deus não é um general ausente que dá ordens lá do céu, mas um agente ativo, fazendo cumprir soberanamente os Seus propósitos na história. Tendo isto em mente, vamos pensar como podemos definir a missão da igreja.

A Missão do povo de Deus, a igreja

VÁRIAS propostas já surgiram para definir e descrever a missão da igreja. Uma que considero interessante foi produzida pelo Conselho Consultivo Anglicano em 1984. Ela foi criada como uma declaração de missão para a Comunhão Anglicana mundial e adotada pela Conferência de Bispos de Lambeth em 1988, como as Cinco Marcas da Missão. Ela afirma:

"A missão da igreja é a missão de Cristo

- Proclamar as Boas Novas do reinado de Deus;

- Ensinar, batizar e cultivar novos crentes;

- Responder à necessidade humana através de serviço em amor;

- Procurar transformar as estruturas injustas da sociedade;

- Lutar para proteger a integridade da criação e suster a vida na terra."[3]

Estas afirmações poderiam ser resumidas em umas poucas palavras: evangelismo, ensino, compaixão, justiça e cuidado com a criação.

Trata-se de uma lista extraordinariamente abrangente e integral que

---

3   Bonds of Affection-1984 ACC-6, p 49, Mission in a Broken World-1990 ACC-8, p 101. Ver: Desde 1984, tem havido um debate contínuo sobre as "cinco marcas" e algumas alterações nessa terminologia. Porém sua essência permanece mesmo em suas diversas expressões. Por exemplo, o Conselho Anglicano de Missões na Austrália recentemente apresentou uma paráfrase, como segue abaixo: Testemunhar o amor salvador, perdoador e reconciliador de Cristo por todas as pessoas;

- Construir comunidades de fé receptivas e transformadoras;

- Ser solidários com os pobres e necessitados;

- Enfrentar a violência, a injustiça e a opressão e buscar a paz e a reconciliação;

- Proteger, cuidar e renovar a vida em nosso planeta.

possui comprovadamente raízes profundas em toda a Bíblia. Na verdade, todas as cinco "marcas" podem ser consideradas como formas de participarmos da missão de Deus - ou seja, elas são atividades em que nos envolvemos naquilo que o próprio Deus faz ou deseja que seja feito. Quando desenvolvemos estes interesses, Deus está participando ativamente conosco e nós com Ele, porque estes interesses são claramente identificados na Bíblia como preocupações fervorosas de Deus.

As Cinco Marcas da Missão

Creio também que todas as cinco marcas da missão podem estar ligadas à Grande Comissão para ir e fazer discípulos de todas as nações (Mat. 28: 20) e reunidas em torno dela - desde que coloquemos no centro de todas elas a afirmação que dá início à Grande Comissão: o Senhorio de Cristo sobre toda a criação.

Esse último ponto é essencial. Todas essas cinco dimensões da missão dependem do Senhorio de Cristo. Elas estão ligadas em torno da centralidade da verdade do evangelho de que Jesus é Senhor.

- No evangelismo: proclamamos as boas novas de que Jesus Cristo é Senhor, Rei e Salvador

- No ensino: levamos as pessoas à maturidade da fé e do discipulado, em submissão a Cristo como Senhor;

- Na compaixão: seguimos o exemplo do Senhor Jesus que "andava fazendo o bem" (Atos 10: 38);

- Na busca pela justiça: lembramos que o Senhor Jesus Cristo é o juiz de toda a terra;

- Ao usar e cuidar da criação: cuidamos daquilo que pertence ao Senhor Jesus Cristo por direito de criação e redenção.

No entanto, prefiro tornar tudo mais simples e podemos fazer isto agrupando quatro das cinco em duas duplas, colocando o evangelismo e o ensino juntos e juntando também a compaixão e a justiça. Com isto, criamos três grandes tarefas missionais, ou três pontos focais para o nosso envolvimento na missão: a igreja, a sociedade e a criação. Portanto, a nossa missão inclui:

- Edificar a igreja (através do evangelismo e do ensino), trazendo as pessoas ao arrependimento, à fé e à obediência como discípulos de Jesus Cristo.

- Servir a sociedade (através de compaixão e justiça), respondendo à ordem de Jesus que nos envia "ao mundo", para amar e servir, para ser sal e luz, para fazer o bem, para "buscar o bem-estar" das pessoas ao redor de nós (como Jeremias disse aos Israelitas na Babilônia, Jer. 29: 7).

- Cuidar da Criação (através da utilização responsável dos recursos da criação, com preocupação ecológica e ação), cumprindo a primeira "grande missão" dada à humanidade em Gênesis 1 e 2.

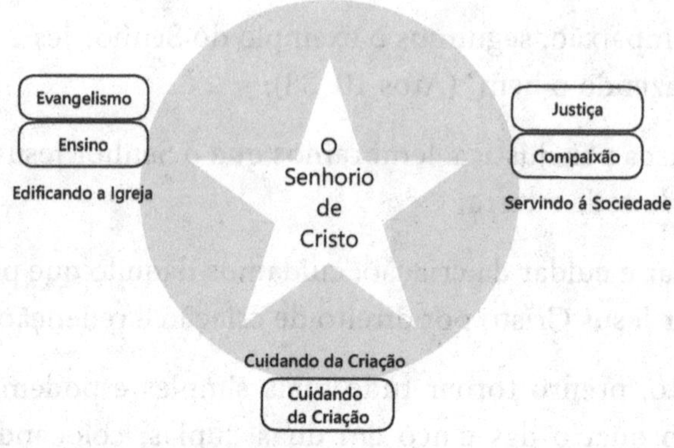

A esta altura, pode surgir a pergunta: "A Grande Comissão não nos diz apenas para "ir e evangelizar o mundo?" Bem, na verdade, ela não diz apenas isto. Não se trata de uma única ordem, mas de várias. E não começa com uma ordem, mas com uma declaração: "Toda a autoridade no céu e na terra foi dada a mim". Tudo parte daí. Edificamos a igreja porque Jesus é o Senhor da igreja. Servimos a sociedade porque Jesus (e não "César") é o Senhor de toda nação, governo e cultura, seja isto reconhecido ou não. E cuidamos da criação porque Jesus é Senhor do céu e da terra - " a terra pertence ao Senhor e tudo o que nela há" (Sl 24: 1). Cada dimensão de nossa missão flui a partir do Senhorio de Cristo e da vontade e missão de Deus de que todo o mundo e toda a criação venham a reconhecer esse fato e que, ao fazê-lo, venham também a conhecer, amar, adorar e louvar o nosso Criador e Redentor.

Esta dimensão tripla da missão é plenamente bíblica. O Compromisso da Cidade do Cabo reconhece que todos os três precisam ser mantidos juntos em uma compreensão holística e integral da missão.

> Missão integral significa discernir, proclamar e vivenciar a verdade bíblica de que o evangelho são as boas novas de Deus, através da cruz e da ressurreição de Jesus Cristo, para as pessoas individualmente, para a sociedade e para a criação. Todas as três dimensões estão abaladas e sofrendo por causa do pecado; todas as três estão incluídas no amor redentor e na missão de Deus; todas as três precisam fazer parte da missão abrangente do povo de Deus.[4]

Então vamos trabalhar esses três principais focos, conectando-os em nosso entendimento de missão integral, e observando como eles estão conectados à Grande Comissão.

4   Compromisso da Cidade do Cabo, 1.7a.

Edificando a igreja: evangelismo e ensino

"Façam discípulos, batizando-os ... e ensinando-os... "

Isto flui imediata e diretamente do Senhorio de Cristo. Porque se Jesus de Nazaré é verdadeiramente Senhor e Deus, então somos convocados a nos tornar discípulos, nos submetendo a Ele em arrependimento e fé, e enviados a fazer discípulos, trazendo outros para compartilhar esse mesmo relacionamento.

Evangelismo

Evangelismo significa "compartilhar" as boas novas daquilo que Deus prometeu e cumpriu através de Cristo. Significa contar toda a história do que Deus fez, usando toda a história de Deus revelada no Antigo e no Novo Testamentos. É proclamar as boas novas de que o Deus que criou o mundo agiu para salvar o mundo das consequências do pecado humano e do mal satânico; que Deus fez isto através de seu Filho, Jesus de Nazaré, que veio para cumprir a promessa de Deus a Israel e que, como o Messias enviado por Deus, morreu por nossos pecados e voltou a viver pelo poder de Deus; que esse mesmo Jesus é agora o Senhor Ressurecto e voltará como Juiz e Rei para reivindicar a Sua herança com a humanidade redimida na nova criação.

Evangelismo significa que quando as pessoas respondem a essas boas novas do que Deus realizou através de Cristo, ao voltarem-se em arrependimento de qualquer tipo de falsa história de vida autoconstruída e egocêntrica que estejam vivendo, colocando sua fé em Jesus para a salvação, asseguramos a eles que fazem parte da grandiosa história bíblica do propósito de Deus de salvar o mundo, que seus pecados são perdoados e que podem gozar de um relacionamento correto com Deus hoje e na eternidade. Eles não apenas se beneficiam da missão salvadora de Deus, eles compartilham dela junto conosco.

E quando as pessoas respondem assim, Jesus nos ensina a batizá-las "no nome de" - que significa, no relacionamento com - Deus o Pai, que as ama, Deus o Filho, que morreu por elas, e Deus o Espírito Santo que habita nelas, dando frutos e sendo transformadas à imagem de Cristo.

> Missão integral integra tudo mais que podemos fazer em missões em torno do evangelho

Nesse ponto, é importante enfatizar que a missão integral não apenas inclui o evangelismo, mas integra tudo mais que podemos fazer em missão em torno do evangelho declarado pelo evangelismo, já que o evangelho é o âmago e o centro da missão de Deus e também da nossa. Já me deparei com duas formas deturpadas de utilizar o termo "missão integral":

- Algumas vezes "missão integral " é usada para englobar tudo, exceto evangelismo. É um tipo de "saco" onde se colocam todos os outros ministérios: ação social, missão médica, assistência à pobreza, desenvolvimento comunitário, ação ambiental, defesa dos direitos humanos, edificação da paz e reconciliação, etc., etc. O termo foi usado desta maneira até mesmo nos círculos de Lausanne, apesar dos meus protestos! Porém, isto está errado e deturpado. "holístico" significa "o todo". Ação social sem evangelismo é tão não-integral como evangelismo sem envolvimento social. Missão holísitca precisa incluir evangelismo e não somente tudo o mais.

- Outras vezes, o termo "missão integral" é usado para englobar qualquer coisa que possa ser chamada "missão", incluindo o evangelismo, porém sem integração. Missão integral acaba se tornando "um saco de bolas de gude multicoloridas" onde o evangelismo é apenas uma entre várias coisas que a igreja poderia ou não poderia estar interessada em fazer, ou que um indivíduo poderia ter um dom especial para realizar. Missões torna-se um enorme bufê repleto de atividades, e o evangelismo, apenas uma opção entre várias. Isto também é equivocado e não bíblico.

Tradicionalmente, muitos evangélicos têm falado sobre a primazia do evangelismo. Eles agem assim porque, para eles, o evangelismo trata da maior necessidade humana. Eu não nego isto, mas considero que a afirmação não engloba a totalidade da missão integral já que, mais uma vez, ela trata do assunto em termos antropocêntricos. Agora, eu prefiro falar da "centralidade do evangelho" porque este termo nos lembra que o evangelho é as Boas Novas essenciais daquilo que Deus fez para salvar o mundo e o evangelismo significa contar essa história. Podemos fazer um monte de coisas, e isto é legítimo, dentro da abrangência dos vários chamados missionais, mas a essência e o coração de tudo deve ser a realidade do evangelho centrado em Deus, gerado por Deus e conforme a sua vontade. Precisamos também insistir que "o evangelho" não é apenas um plano de seguro pessoal, um bilhete para o céu, mas ele é a declaração de toda a história bíblica da salvação - a história cósmica do propósito redentor de Deus para toda a criação, prometido no Antigo Testamento e cumprido pela morte e ressurreição de Jesus Cristo. É no evangelismo que contamos essa história. E é a partir dessa história, e apenas dessa história, que flui a nossa missão.

Assim, quando falo sobre a centralidade do evangelho e o evangelismo, não quero dizer que exista um centro e que tudo mais que estiver "fora desse centro" vai se tornar periférico, marginal e sem importância. Pelo contrário, quero dizer central no mesmo sentido em que o eixo é central para uma roda. Uma roda é um objeto cujo funcionamento é integrado, e existe o aro ou o pneu que se conectam ao caminho. Porém a órbita completa do aro deve estar conectada em todos os pontos com o eixo através dos raios. Nesse sentido, o eixo é o centro integrador da roda e do que ela faz. O eixo é conectado ao motor, transmitindo a sua força para "o ponto onde o pneu toca o caminho." Nenhum ponto pergunta: "O que é mais importante, o eixo ou o aro?" Se ambos não estiverem integrados, não existe roda. Ambos são essenciais e precisam funcionar juntos.

> O "evangelho" não é apenas um bilhete para o céu, mas a declaração de toda a história bíblica da salvação

Nesta analogia da missão integral ou integrada, o motor é a força dinâmica do evangelho bíblico: o que Deus fez em Cristo para salvar o mundo. O eixo é o ato de compartilharmos as boas novas. O aro é a encarnação do evangelho no mundo, na vida e no trabalho e todo o nosso envolvimento com o contexto e a cultura (o caminho). Para conduzir um carro, é preciso a integração e a conexão de coisas muito diferentes entre si, que não podem funcionar separadas uma da outra - é preciso o eixo da roda conectado ao motor, o aro da roda conectado ao

caminho. Sem isto, não há como chegar a lugar nenhum! Para engajar-se na missão integral é necessário a integração entre a verdade histórica do evangelho, cuja afirmação encontra-se no evangelismo, e também da encarnação disto tudo no envolvimento contextual e social com a sociedade e com a criação.

Mais uma vez, o Compromisso da Cidade do Cabo procura captar essa compreensão integrada de missão.

> A integridade da nossa missão. A fonte de toda a nossa missão é aquilo que Deus fez em Cristo para a redenção de todo o mundo, como é revelado na Bíblia. Nossa tarefa evangelística é tornar essas boas novas conhecidas em todas as nações. O contexto de toda a nossa missão é o mundo em que vivemos, o mundo de pecado, sofrimento, injustiça e desordem na criação, no qual Deus nos envia para amar e servir em nome de Cristo. Toda a nossa missão deve, portanto, refletir a integração do evangelismo e do envolvimento comprometido neste mundo, ordenado e acionado por toda a revelação bíblica do evangelho de Deus.[5]

O Pacto de Lausanne afirma o mesmo em termos semelhantes:

> O próprio evangelismo é a proclamação do Cristo histórico e bíblico como Salvador e Senhor, buscando persuadir as pessoas a virem pessoalmente até Ele e a se reconciliarem com Deus... Os resultados do evangelismo incluem obediência a Cristo, envolvimento com Sua Igreja e serviço responsável neste mundo... Afirmamos que tanto o evangelismo como o envolvimento sociopolítico fazem parte de nossa tarefa cristã. Ambos são expressões necessárias de nossas doutrinas sobre Deus e o ser humano, de nosso amor por nosso próximo e nossa obediência a Jesus Cristo... A salvação que proclamamos deveria nos transformar na totalidade de nossas responsabilidades pessoais e sociais. A fé sem obras é morta.[6]

---

5   O Compromisso da Cidade do Cabo, I.10b.
6   O Pacto do Lausanne, parágrafos 4 e 5.

A Declaração de 2001 do movimento Miqueias também estabelece a natureza da missão integral:

> Missão integral é a proclamação e a demonstração do evangelho. Não se trata apenas de que evangelismo e envolvimento social devem ser feitos juntos. Na verdade, na missão integral a nossa proclamação possui consequência sociais, pois convidamos as pessoas ao amor e ao arrependimento em todas as áreas da vida. E o nosso envolvimento social possui consequências evangelísticas, já que testemunhamos a graça transformadora de Jesus Cristo. Se ignorarmos o mundo, estaremos traindo a Palavra de Deus que nos envia para servir o mundo. Se ignorarmos a Palavra de Deus, não teremos nada para levar ao mundo.[7]

Sendo assim,

> Vamos manter o evangelismo no centro da dimensão plenamente integrada de toda a nossa missão, à medida que o próprio evangelho é a fonte, o conteúdo e a autoridade de toda missão biblicamente válida. Tudo o que fazemos deve ser uma personificação e uma declaração do amor e da graça de Deus e de Sua obra salvadora através de Jesus Cristo.[8]

Ensinar/discipular

"... ensinando-os a observar tudo o que eu lhes ordenei."

Quer dizer, devemos fazer discípulos da mesma maneira como Jesus fez discípulos. Não basta apenas trazer as pessoas à conversão e pronto. A semente precisa de um solo profundo e de boas raízes para dar fruto. As igrejas precisam não apenas de ser plantadas através

---

7 Declaração sobre Missão Integral do movimento Miquélas
8 O Compromisso da Cidade do Cabo, IID.1.e

do evangelismo, mas também regadas através do ensino. Ambos fazem parte da Grande Comissão. E ambos são claramente a vontade de Deus para o Seu povo. Deus está atuando não apenas para trazer pessoas à fé em Cristo, mas para trazê-las à maturidade em Cristo, através da obra do Espírito Santo dentro delas, com Seus dons, poder e frutos em suas vidas. Ensiná-las na igreja é envolver-se no processo pelo qual o próprio Deus traz o seu povo à plenitude da maturidade e à semelhança de Cristo. Trata-se de outra maneira de compartilharmos a missão de Deus.

O ensino tem raízes profundas na Bíblia. Era parte essencial do modo como Deus chamava, moldava e "educava" o seu povo de Israel no Antigo Testamento. O Prof. Andrew Walls chamou o Antigo Testamento de "o programa de educação teológica mais antigo e mais longo"[9] que já existiu. Durante várias gerações, Deus ensinou o seu povo - através da Torá, dos Salmos e da literatura de sabedoria bíblica, através dos sacerdotes e profetas - ensinando-lhes a verdade sobre Deus, a criação, a humanidade, o pecado, a redenção, a adoração e como viver como povo da aliança para abençoar as nações.

Assim não nos surpreende que Jesus tenha vindo como mestre: "Rabbi", era assim que o chamavam. Ele era muito mais do que isto, obviamente, mas desde o momento em que chamou seus discípulos para estarem com Ele, ensinou, ensinou e ensinou. O discipulado não aconteceu da noite para o dia.

Quando olhamos para Paulo, observamos que o ensino era parte integral de sua vida como um missionário plantador de igrejas. Frequentemente, ele precisava deixar de repente uma igreja recém-plantada, sob ameaça, mas mesmo assim ele escrevia para eles, encorajando e

---

9 Num trabalho não publicado apresentado no Fórum de Líderes de Missões no Overseas Ministry Studies Centre, New Haven, Connecticut, EUA.

ensinando. E quando teve a oportunidade, em Éfeso, ficou ali quase três anos, durante os quais transformou um grupo de doze discípulos em uma igreja-cidade, com vários grupos familiares e uma liderança em pleno funcionamento. Ele disse que lhes ensinou não apenas tudo o que era útil para eles, mas "todo o conselho de Deus", ou seja, toda a revelação bíblica do grandioso plano e propósito de Deus (Atos 19-20).

E quando Paulo não conseguia ensinar pessoalmente, ele assegurava que isto fosse feito por outros que faziam parte de sua equipe missionária, como Timóteo e Tito. Ou Apolo (da África), que era versado nas escrituras, professor talentoso e que recebeu educação teológica extra na casa de Priscila e Áquila (na Ásia), e que, em seguida, foi para Corinto (Europa), onde se envolveu no ensino da hermenêutica do Antigo Testamento, da Cristologia e Apologética, entre outros (Atos 18: 24-28).

> Se levamos Jesus a sério, o ensino precisa ser incluído em nossa obediência à Grande Comissão.

Mais tarde, quando os cristãos em Corinto se dividiram em facções que apregoavam lealdade a Paulo ou a Apolo, Paulo não permitiu. Sim, Paulo era o plantador de igrejas evangelista, Apolo era um professor de teologia da igreja. Os dois compartilhavam de uma missão comum. Paulo insiste que o evangelista (plantador) e o mestre (regador) têm "um só propósito" ou uma única missão (em grego, "eles são um só". 1 Cor. 3: 5-9).

Portanto, ensinar na igreja em todas as suas formas, inclusive aquilo que hoje chamamos de educação teológica, é parte intrínseca da missão. Não é algo adicional. Não é apenas algo suplementar à "missão real". Se levamos Jesus a sério, o ensino precisa ser incluído em nossa obediência à Grande Comissão. Mais uma vez, o Compromisso da Cidade do Cabo acerta bem no alvo:

> A missão da Igreja na terra é servir a missão de Deus, e a missão da educação teológica é fortalecer e acompanhar a missão da Igreja. A educação teológica serve em primeiro lugar para treinar os que ocupam posição de liderança na igreja, como pastores-mestres, equipando-os a ensinar a verdade da Palavra de Deus com fidelidade, relevância e clareza; em segundo lugar, para preparar o povo de Deus para a tarefa missional de entender e comunicar de forma relevante a verdade de Deus em cada contexto cultural. A educação teológica está envolvida com a guerra espiritual, pois "destruímos argumentos e toda pretensão que se levanta contra o conhecimento de Deus e levamos cativo todo pensamento, para torná-lo obediente a Cristo". (2 Cor. 10: 4-5).
>
> Aqueles entre nós que são líderes de igrejas e de agências missionárias precisam reconhecer que a educação teológica é intrinsecamente missional. Os que ministram educação teológica precisam garantir que ela seja intencionalmente missional, já que seu lugar dentro da academia não é um fim em si mesmo, mas servir a missão da igreja neste mundo.[10]

---

10 O Compromisso da Cidade do Cabo IIF.4.

Servindo à sociedade: compaixão e justiça

Vocês podem perguntar: Onde a compaixão e a justiça se encontram na Grande Comissão? Eu as vejo totalmente incluídas naquilo que Jesus diz no versículo 18: "... ensinando-os a observar tudo o que eu lhes ordenei." É claro que Jesus usou muitas palavras para comunicar aos Seus discípulos sobre compaixão e justiça.

Mas primeiro vale a pena ouvir os ecos dentro desta própria frase. Soa como um eco muito claro da maneira como Moisés ou Deus falam aos israelitas no livro de Deuteronômio, admoestando-os muitas vezes a "serem cuidadosos em observar tudo o que eu (ou o Senhor seu Deus) lhes ordeno".[11] E em Deuteronômio, fica muito claro que o que Deus ordenou ao povo de Israel foi que refletisse o próprio caráter de Deus, "andando em Seus caminhos". Leia, por exemplo, Deuteronômio 10: 12-19. Depois de dizer a eles como é Deus e quem Ele mais ama, o texto diz imediatamente aos israelitas que eles devem fazer o mesmo - cuidar dos necessitados.

> Pois o Senhor, o seu Deus, é o Deus dos deuses e o Soberano dos soberanos, o grande Deus, poderoso e temível, que não age com parcialidade nem aceita suborno. Ele defende a causa do órfão e da viúva e ama o estrangeiro, dando-lhe alimento e roupa. Amem os estrangeiros, pois vocês mesmos foram estrangeiros no Egito. (v. 17-19)

Este é apenas um único exemplo que poderia ser multiplicado várias vezes em todo o Antigo Testamento, que saturava a mente de Jesus.

---

11 Isto não nos surpreende, já que Jesus meditava profundamente sobre Deuteronômio, citando-o três vezes ao ser tentado por Satanás no deserto.

É o chamado a ser semelhante a Deus, mostrando compaixão e buscando

justiça para os pobres e necessitados, para os sem-teto, sem família, sem terra, assim como Deus havia feito para Israel em suas necessidades. No êxodo, Deus demonstrou a natureza e o propósito de sua missão - a libertação da opressão. Esta era a vontade de Deus que Israel deveria encarnar em sua vida social, política e econômica.

Assim, da mesma maneira e no mesmo tom de voz, Jesus diz aos Seus discípulos: "A sua missão é fazer discípulos e ensiná-los a obedecer

aquilo que eu lhes ordenei, e isto se alinha bem com tudo que Deus ordenou ao Seu povo desde o início".

Mesmo se olharmos apenas no Evangelho de Mateus, encontramos esta observação várias vezes:

Mateus 5:6 - "Bem-aventurados os que têm fome e sede de justiça, pois serão satisfeitos". Muitas vezes a palavra é traduzida como "retidão", e temos a tendência de limitar isto a estar bem com Deus. Isto, com certeza, está incluído, mas para Jesus e nas escrituras do Antigo Testamento, a palavra não quer dizer apenas uma relação correta com Deus, mas relacionamentos corretos, justos e imparciais sobre a terra. Abençoados são aqueles que têm fome e sede desses relacionamentos, disse Jesus.

Mateus 6:33 - "Busquem, pois, em primeiro lugar o Reino de Deus e a sua justiça/retidão"

Mateus 23:23 - "Ai de vocês, mestres da lei e fariseus, hipócritas! Vocês dão o dízimo da hortelã, do endro e do cominho, mas têm negligenciado os preceitos mais importantes da lei: a justiça, a misericórdia e a fidelidade. Vocês devem praticar estas coisas, sem omitir aquelas".

Jesus diz que as coisas que são de fato pesadas (literalmente, "as coisas que têm mais pêso") da Torá são "justiça, misericórdia e fidelidade". Mais uma vez, é muito provável que ele tivesse em mente aquele trio semelhante que encontramos em Miquéias 6:8 - "Pratique a justiça, ame a fidelidade e ande humildemente com o seu Deus." Ou em Zacarias 7:9 - "Administrem a verdadeira justiça, mostrem misericórdia e compaixão uns para com os outros."

Em meio a esse contexto compartilhado das escrituras, surge a palavra formidável de Jesus aos Seus discípulos: "Vocês são a luz do mundo" (Mat. 5: 14-16). O que ele queria dizer com uma afirmação tão arrebatadora? Que eles seriam pregadores da verdade do evangelho que traria luz às pessoas na escuridão da ignorância e do pecado? Sim, é claro que ele incluiria isto entre a abrangente tarefa da missão apostólica - como Paulo explica ao usar a mesma metáfora em 2 Coríntios 4: 4-6. Mas vamos olhar novamente o que Jesus enfatiza quando explica o que quer dizer com luz: "Assim brilhe a luz de vocês diante das pessoas para que vejam as suas boas obras e glorifiquem ao Pai que está no céu". Não para que tivessem um testemunho maravilhoso, mas para que "vissem suas boas obras". Eles tinham uma mensagem para pregar - é claro que tinham. As Boas Novas do reino de Deus deviam ser compartilhadas. Porém quando Jesus fala da "luz", Ele está querendo dizer "vidas que atraem", [12]cheias de bondade, misericórdia, amor, compaixão e justiça.

Mais uma vez Jesus está lançando mão de uma forte tradição do Antigo Testa-

> Jesus diz que o mais complicado, as questões mais pesadas da Torah, são: "justiça, misericórdia e fidelidade"

12 A palavra traduzida como "boas" é kalos, que também quer dizer "bonita", e não apenas moralmente correta.

mento. Deus chamou Israel para ser a "luz das nações", e isto incluía a qualidade de suas vidas como sociedade. A luz tinha um forte sentido ético e social. Ouça Isaías e observe a combinação de "luz" e "justiça" no sentido que expliquei acima. A luz brilha nas pessoas comprometidas com a compaixão e com a justiça. E Isaías continua dizendo que essa luz, porque ela reflete a luz da própria presença e glória de Deus entre o seu povo, atrairá as nações - ela tem uma atração missional (Isaías 60: 1-3). Ela levará as pessoas a glorificar o Deus vivo. Não foi isto mesmo que Jesus disse?

"O jejum que desejo não é este: soltar as correntes da injustiça, desatar as cordas do jugo, pôr em liberdade os oprimidos e romper todo jugo?

Não é partilhar sua comida com o faminto, abrigar o pobre desamparado, vestir o nu que você encontrou, e não recusar ajuda ao próximo?

Aí sim, a **sua luz** irromperá como a alvorada, e prontamente surgirá a sua cura; a **sua retidão** irá adiante de você,....

Se com renúncia própria você beneficiar os famintos e satisfizer o anseio dos aflitos, então a sua luz despontará nas trevas, e a sua noite será como o meio-dia.

(Isaías 58: 6-8, 10, meus itálicos)

Portanto, no Antigo Testamento Deus ordenou que Israel fosse um povo comprometido com o exercício prático e realista da compaixão e justiça, em formas que refletiriam e personificariam o compromisso do próprio Deus com tudo isso. E Jesus de fato endossou essa ordem aos seus discípulos - na verdade, Ele o aprofundou de forma radical

- ao ponto de ordenar na Grande Comissão que eles passassem isto adiante aos novos discípulos que fariam ("ensinando-os a obedecer a tudo o que ordenei a vocês"). Tanto em sua vida como comunidade de discípulos como em sua missão de fazer discípulos, eles precisavam refletir o caráter do Deus que cuida dos pobres e necessitados, que defende a causa da viúva e dos órfãos.

E assim eles fizeram.

Com certeza nós conhecemos esta empolgante história da missão da igreja primitiva, espalhando-se em todas as direções através do evangelismo e da organização de igrejas. Porém não devemos subestimar a forma como os apóstolos e aquelas primeiras comunidades de crentes mostraram um forte compromisso com esta outra dimensão da Grande Comissão - obedecer ao que o próprio Jesus havia ensinado sobre a compaixão e a justiça social e econômica.

Lucas nos conta duas vezes que a comunidade primitiva de seguidores de Jesus em Jerusalém procurava dar uma aplicação prática em mutualidade econômica à sua unidade espiritual (Atos 2:44-45; 4:32-38). Eles não acreditavam que deveria haver pobres entre eles, enquanto tivessem condições de fazer algo para resolver o problema. Seja de forma consciente ou não, eles estavam cumprindo outra ordem de Deus em Deuteronômio (Atos 4:34 é quase que o mesmo texto, palavra por palavra, da tradução grega de Deuteronômio 15:4).

> A comunidade primitiva de seguidores de Jesus em Jerusalém buscava dar um emprego prático em mutualidade econômica à sua unidade espiritual

A primeira viagem missionária de Paulo com Barnabé não foi quando eles foram enviados pela igreja de Antioquia para pregar o evangelho na Ásia Menor (Atos 13), mas quando foram enviados anteriormente por aquela mesma igreja para aliviar a fome dos cristãos necessitados em Jerusalém (Atos 11: 27-30). Essa lembrança deve ser parte do motivo da iniciativa de Paulo de captar recursos entre as igrejas gentias na Grécia para apoiar os pobres na Judeia. Certamente Paulo havia ensinado essa responsabilidade àqueles novos discípulos, ao ponto de eles pedirem para terem o privilégio de compartilhar (2 Cor. 8-9). Na verdade, em um momento muito significativo da carreira missionária de Paulo, quando ele foi aceito ("a destra de comunhão") entre os apóstolos de Jerusalém pela mensagem do evangelho que estava pregando, ele acrescenta este comentário revelador, que demonstra que havia incluído o cuidado dos pobres como parte integral de seu trabalho missionário: "Somente pediram que nos lembrássemos dos pobres, o que me esforcei por fazer." (Gl. 2:10).

Outras passagens dão a mesma ênfase na compaixão prática, econômica e social, não deixando qualquer dúvida sobre a importância desse tipo de obediência: 1 Timóteo 6: 17-19; Tiago 2: 14-17; 1 João 3: 17-18. Jesus e seus apóstolos todos concordaram com a simples afirmação de Provérbios 29: 7: "Os justos levam em conta os direitos dos pobres, mas os ímpios nem se importam com isso".

Mais uma vez, o Compromisso da Cidade do Cabo fornece um fundamento bíblico bastante rico para essa dimensão de missão, afirmando claramente que essas ações não são nada menos do que compartilhar da missão de Deus, porque Ele deseja que essas coisas sejam feitas e as ordena como parte da missão do povo de Deus.

Nós amamos os pobres e os que sofrem neste mundo. A Bíblia nos diz que o Senhor tem compaixão por todos os que criou, Ele defende a causa dos oprimidos, ama os estrangeiros, alimenta os famintos, sustenta os órfãos e as viúvas.[13] A Bíblia mostra também que Deus deseja fazer essas coisas através de seres humanos comprometidos com essa ação. Deus responsabiliza especialmente os que são designados para a liderança política ou judicial na sociedade,[14] mas todo o povo de Deus recebe esta ordem - pela lei e pelos profetas, Salmos e escrituras de sabedoria, Jesus e Paulo, Tiago e João - de refletir o amor e a justiça de Deus em amor prático e justiça aos necessitados.[15] Esse amor pelos pobres exige não apenas o amor, a misericórdia e as boas obras, mas também que façamos justiça, expondo e enfrentando todos que opri- mem e exploram os pobres.[16] Não podemos ter medo de denunciar o mal e a injustiça onde quer que eles existam.[17]

Ao meu entender, a missão integral não é nada mais do que encarnar e cumprir aquela frase que Paulo usa para resumir seu trabalho

missional entre todas as nações, no início e no final de Romanos: "a obediência da fé". Somos chamados à integração da fé com as obras, das palavras com os atos, da proclamação e da demonstração do

evangelho.

13 Salmo 145: 9, 13, 17, 147:7-9, Deuteronômio 10: 17-18.

14 Gênesis 18: 19; Êxodo 23: 6-9; Deuteronômio 16. 18-20; Jó 29: 7-17; Salmo 72:4, 12-14; Provérbios 31. 4-9; Jeremias 22: 1-3; Daniel 4:27.

15 Êxodo 22: 21-27; Levíticos 19: 33-34; Deuteronômio 10: 18-19; 15: 7-11; Isaías 1:16-17; Mateus 25: 31-46; Lucas 14: 12-14; Gálatas 2:10; 2 Coríntios 8-9; Romanos 15: 25-27; 1 Timóteo 6: 17-19; Tiago 1: 27; 2: 14-17; 1 João 3: 16-18.

16 O Compromisso da Cidade do Cabo 1.7.c.

17 Pacto de Lausanne, 5.

Cuidando da natureza

NA verdade, poderíamos ter começado aqui com a criação, que é onde Jesus começa na Grande Comissão. Como eu já disse, a Grande Comissão não começa com uma ordem, mas com uma afirmação: "Toda a autoridade me foi dada no céu e na terra". Essa combinação de "céu e terra" é o modo típico das escrituras se referirem à criação como um todo. Não é apenas onde Jesus começa, mas onde a Bíblia começa (Gênesis 1:1), e também onde a Bíblia termina, com um novo céu e uma nova terra - a nova criação (Apocalipses 21-22). Toda a missão de Deus na história bíblica vai da criação até a nova criação e Jesus é o centro dela, afirmando que é Senhor de tudo. Jesus não está apenas "lá no céu". Jesus é Senhor do céu e da terra.

Mais uma vez, Deuteronômio fornece o pano de fundo para a surpreendente afirmação que Jesus faz em Mateus 28:18. Ouça Moisés falando com os Israelitas sobre o seu Deus: "Reconheçam isso hoje, e ponham no coração que o Senhor é Deus em cima nos céus e embaixo na terra. Não há nenhum outro." (Dt. 4:39).

YHWH, o Senhor Deus de Israel, é Deus do céu e da terra: de toda a criação. Isto é uma verdade sobre Deus que o Antigo Testamento repete muitas vezes, especialmente nos Salmos. Jesus, de pé no Monte da Ascensão, calmamente se apropria desta verdade sobre o Deus que todos os seus seguidores conheciam e adoravam, e a reivindica para si. Não nos surpreende que Mateus registre que quando eles encontraram Jesus ali, "eles o adoraram", embora destaque com franca honestidade que alguns duvidaram. Agora eles sabiam que ao se encontrarem com o Cristo crucificado e ressurreto, estavam na presença do Deus vivo, criador do céu e da terra.

Seja o que for que a nossa missão possa incluir ao obedecermos a

Grande Comissão nas mais diversas formas, isto pressupõe que Jesus é Senhor da criação, que a terra pertence a Ele. Ele é o proprietário e nós somos seus inquilinos. A terra é sua propriedade e somos mordomos, prestamos contas a Ele pelo que fazemos nela e com ela.

Ao seu modo bem característico, Paulo amplia esta verdade cósmica e criacional sobre Cristo em uma das passagens mais formidáveis que ele escreveu. Leiam Colossenses 1: 15-20. O texto abaixo é apenas uma parte. Observe como diversas vezes Paulo se refere a "céus e terra" ou a "todas as coisas" - que era outra maneira como os judeus se referiam a todo o universo criado.

> Ele é a imagem do Deus invisível, o primogênito de toda a criação, pois nele foram criadas todas as coisas nos céus e na terra... todas as coisas foram criadas por Ele e para Ele.
>
> Ele é antes de todas as coisas, e nEle tudo subsiste. Pois foi do agrado de Deus que nEle habitasse toda a plenitude,
>
> e por meio dEle reconciliasse consigo todas as coisas, tanto as que estão na terra quanto as que estão no céu, estabelecendo a paz pelo seu sangue derramado na cruz.

Todo o universo, inclusive o nosso planeta Terra, foi criado por Cristo e para Ele; é sustentado por Cristo, pertence a Cristo como Sua herança e foi redimido por Cristo através da cruz. A mesma verdade cósmica é declarada de diversas maneiras em João 1 e Hebreus 1. A missão de Deus, cumprida através de Cristo, tem dimensão criacional, cósmica e universal. Em Gênesis 1 e 2, Deus desejou que o ser humano dominasse, usasse, mantivesse e cuidasse da terra. E em toda a Bíblia até os capítulos 21 e 22 de Apocalipse, Deus deseja que a própria terra seja redimida para a Sua glória e para a nossa, combinadas perfeita e legitimamente na nova criação (veja a combinação em Ap. 21: 23-26).

Assim, se esta terra onde vivemos é propriedade de Jesus e pertence a Ele por direito de criação e redenção, não podemos separar a nossa submissão pessoal a Jesus como Senhor da maneira como pensamos e agimos em relação à terra. O uso correto e a mordomia cuidadosa dos recursos da terra, como também a defesa da ecologia e de ação específicas, são dimensões legítimas da missão cristã. A missão cristã não pode excluir nossa missão humana primordial, que era exercer o justo governo sobre a criação, servindo-a e mantendo-a (Gênesis 1:26-28, combinado com Gênesis 2:15).

A terra é criada, sustentada e redimida por Cristo (Colossenses 1: 15-20; Hebreus 1: 2-3). Não podemos afirmar que amamos a Deus se negligenciamos aquilo que pertence a Cristo por direito de criação, redenção e herança. Nós [como pessoas cristãs] cuidamos da terra e usamos de forma responsável seus recursos abundantes, não segundo a lógica do mundo secular, mas para o Senhor. Se Jesus é Senhor de toda a terra, não podemos separar a nossa relação com Cristo do modo como agimos em relação à natureza. Proclamar o evangelho que diz que "Jesus é Senhor" é proclamar o evangelho que inclui a terra, uma vez que o Senhorio de Cristo se estende sobre toda a criação. Cuidar da criação é, portanto, um tema do evangelho dentro do Senhorio de Cristo.

Este amor pela criação de Deus exige que nos arrependamos de nossa parte na destruição, no desperdício e na poluição dos recursos da terra, bem como de nossa cumplicidade na idolatria tóxica do consumismo. Em vez disto, nos comprometemos com a responsabilidade ecológica urgente e profética. Apoiamos os cristãos cujo chamado missional específico é a defesa do meio ambiente, como também aqueles que se comprometem com o cumprimento do mandato de atender às necessidades e cuidar do bem-estar humano, exercendo um governo res-ponsável e uma boa administração.

[18]Para mim é desconcertante existirem tantos cristãos, incluindo infelizmente (e especialmente) aqueles que se dizem evangélicos, para os quais esta questão do cuidado da criação, ou a preocupação e ação ecológicas não significam nada ou chegam a ser negligenciadas e até mesmo rejeitadas e hostilizadas. Parece-me que o motivo disto é uma teologia da criação extremamente falha entre os evangélicos contemporâneos. Para falar de forma mais franca, parece que a Bíblia de certas pessoas foi danificada e as duas primeiras e as duas últimas páginas foram misteriosamente rasgadas. Eles começam em Gênesis 3 porque já sabem tudo sobre o pecado; e terminam em Apocalipse 20, porque sabem tudo sobre o dia do julgamento. Eles possuem sua solução pessoal para o problema do pecado e um seguro pessoal para o dia do julgamento, garantidos obviamente pela morte e ressurreição de Jesus. Graças a Deus, eu também acredito nisto. Porém a Bíblia é uma história muito maior, a história de toda a criação e é nela que se encaixa a minha salvação pessoal. E o Senhorio de Cristo perpassa por toda essa história. Então eu preciso enxergá-lo como Senhor do meio ambiente e também de minha salvação espiritual, e me portar como Seu discípulo em relação a ambos.

Não existe espaço aqui para tratar de todo o ensino bíblico sobre a criação, que legitimaria a inclusão do cuidado com a criação dentro do espectro da missão cristã. Em outro artigo eu apresentei um estudo sobre a bondade, a glória e o alvo da criação.[19]

---

18 O Compromisso da Cidade do Cabo 1.7.a.

19 Ver: The Mission of God [A Missão de Deus], cap. 12; Old Testament Ethics for the People of God [Ética do Antigo Testamento para o Povo de Deus], (IVP:2004), cap. 4; e The Mission of God's People [A Missão do Povo de Deus], (Zondervan, 2010), cap. 3.

Conclusão E então?

Então quais são as implicações deste estudo sobre as cinco marcas da missão, ou três pontos focais de missão, em relação à GrandeComissão? Seguem três pontos relevantes

Toda a missão de Deus é para toda a igreja de Deus (porém, nem todos podem fazer tudo)

Missão não é uma atividade especializada para alguns profissionais (missionários ou parceiros em missões). A igreja, como um todo, existe para cumprir a missão de Deus. Como já foi dito, não é simplesmente o caso que Deus tem uma missão para a igreja (que precisa ser cumprida por alguns profissionais financiados pela igreja), mas que Deus tem a igreja para a Sua missão. Neste sentido, toda a igreja é missional. [20]Tudo o que a igreja é e faz deve estar ligado de alguma forma à nossa própria razão de existir como povo de Deus, que é servir à missão de Deus para a glória de Deus. É por esse motivo que eu não gosto daquela frase tão abusada: «Se tudo é missão, nada é missão». Geralmente isto surge de um receio de que tudo o que a igreja faz seja descrito como «missão», não sobrando nada para o evangelismo e o envio de mis-

> Parece que as Bíblias de algumas pessoas estão com defeito... as duas primeiras páginas e as últimas duas páginas foram rasgadas

---

20 Um amigo meu que é dinamarquês, Birger Nygaard, comentou certa vez que achava a expressão "igreja missional" totalmente redundante. Para ele esse termo soa como "mulher do gênero feminino". Se não for do gênero feminino, então não é mulher. Da mesma maneira, se não for missional, não é igreja. Pode ser um monte de pessoas fazendo coisas religiosas juntas, mas se elas não estiverem comprometidas com a missão de Deus no mundo, elas perderam (literalmente) o sentido.

sionários. Espero que o que eu disse acima tenha deixado bem clara a centralidade do evangelho e do evangelismo que o proclama, e que sou totalmente comprometido com a importância destes dois pontos. Porém, elas não são tudo o que eu acredito que a Bíblia inclui na missão da igreja, no sentido de tudo o que Deus chamou a igreja para fazer. Biblicamente, seria mais preciso dizer simplesmente: «se tudo é missão, tudo é missão». Toda a igreja é chamada a participar de toda a missão de Deus.

No entanto, não fiquem perplexos! Todas as pessoas não vão precisar fazer de tudo, mas cada um deve ser intencional sobre algo, de acordo com seus dons e a direção de Deus. Às vezes, as pessoas dizem, depois de uma mensagem ou aula sobre missão integral: «Vocês falam sobre todos esses tipos diferentes de missão, mas eu sou só um. Não posso fazer tudo isso!» Minha resposta é:"Espero que Deus tenha pensado nisto também, foi por isso que Ele criou a igreja". Toda a igreja precisa se envolver em toda a missão de Deus.

A missão da igreja toda inclui cada membro (porém, temos diferentes chamados e comissões)

Se a igreja toda existe para a missão de Deus, então todos os membros também. A igreja é missional por definição, portanto, todos os cristãos são missionais por chamado. Precisamos desafiar radicalmente o paradigma errôneo de que apenas alguns membros são "parceiros em missão". O que acontece com os demais membros? São não-parceiros em missão? São parceiros adormecidos? Naturalmente, chamamos de "parceiros em missão" aqueles que são apoiados e enviados pela igreja e já foram para outros países ou para algum outro tipo de missão transcultural. Então vamos chamá-los de "parceiros em missão transcultural", ou de "parceiros em missão internacional" e não dar a impressão de que missão não tem a ver com os demais. Como afirmou Hugh Palmer, Pastor da igreja de All Souls, Langham Place, certo domingo: "Esta igreja envia 1.500 parceiros em missões a cada semana - e poucos deles estão servindo em outros países". Ele queria dizer, obviamente, que a maioria da congregação entrava a cada semana nos "campos missionários" deste mundo imediatamente ao passar pelo portal da igreja, vivendo e servindo em seu trabalho e em seus chamados cotidianos. O campo missionário é onde a fé encontra a incredulidade, onde o reino de Deus na vida de um cristão encontra o reino deste mundo. Esta é a linha de frente da missão. E ela pode estar tanto na porta ao lado como num outro continente.

Precisamos distinguir entre o chamado missionário em geral que todos nós compartilhamos e os dons e chamados específicos que Deus dá às pessoas de acordo com Sua graça soberana. Todos nós devemos estar prontos para testemunhar a nossa fé, mas alguns receberam o dom específico de evangelismo. Todos nós devemos "deixar que a palavra de Cristo habite ricamente em nós enquanto ensinamos e admoestamos uns aos outros", porém alguns receberam o dom específico do ensino. Todos nós devemos estar prontos a fazer obras de bondade e falar do que é justo e correto, porém alguns são chamados especificamente para trabalhar na área política e judicial, ou para enfrentar a pobreza global, a fome e a doença. Todos nós devemos viver responsavelmente em relação ao uso e ao cuidado da criação, porém alguns são chamados e equipados para trabalhar na área de biologia e de meio ambiente e se envolver em pesquisas científicas adequadas e na defesa ecológica.

> A igreja é missional por definição, portanto, todos os cristãos são missionais por chamado.

A missão de todos os membros inclui a vida inteira (não existe divisão entre secular e sagrado)

Se o ponto anterior exige uma mudança em nosso paradigma do conceito de missão da igreja, então este exige uma mudança em nossa

perspectiva pessoal de vida. Temos de acabar com o hábito enraizado de pensar em duas esferas - a secular e a sagrada. Esse tem se tornado um paradigma tão dominante que nem sequer estamos conscientes deste. Parece que é simplesmente o jeito como as coisas são. Existe uma parte "religiosa" da vida na qual Deus está interessado - a igreja, as atividades cristãs, a adoração e a oração, o evangelismo, etc. E existe o resto da vida, onde a maioria de nós passa grande parte de nosso tempo - trabalho, família, lazer. E presumimos que essa segunda esfera serve apenas para nos dar um pouco de dinheiro e para gastarmos tempo com tudo o que pudermos para "sustentar" essa primeira esfera (ali onde vivem os cristãos dedicados, como aquelas pessoas envolvidas com o ministério de tempo integral da igreja).

Esta é uma divisão perigosa e desmoralizante. As pessoas ficam pensando que o que elas fazem a maior parte do tempo (trabalhar no mundo "secular" não tem valor para Deus nem para a eternidade, embora elas só possam investir pouco tempo e dinheiro naquilo que elas supõem que seja de fato o que importa para Deus.

Mas a Grande Comissão começa dizendo que Jesus é Senhor de toda a vida em toda a sua criação. Jesus é Senhor do local de trabalho e da fa-

> Precisamos acabar com o hábito enraizado de pensar em duas esferas - a secular e a sagrada.

mília, das ruas e dos céus, das escolas e favelas, dos hospitais e das moradias, Senhor dos governos, dos negócios, dos esportes e da cultura, Senhor de todo o tempo e de todo o espaço.

Sendo assim, o discipulado e a missão que Jesus nos chama a executar neste mundo é para a vida toda. Se Jesus é Senhor do céu e da terra, então não existe lugar, nem trabalho, nem vocação, nem dia ou noite, nem parte nenhuma da vida que esteja fora daquilo que Ele diz na Grande Comissão e que se encontra também no restante dos evangelhos.

Missão não é uma agenda que deve ser assumida por pessoas designadas a "fazer missões pelos demais". Missão é o modo de existir de cada membro da igreja toda durante toda a vida.

Anotações:

M IQUEIAS é uma rede e um movimento global de organizações e indivíduos cristãos, comprometida com a missão integral, como

está claro através de sua resposta ministerial, incluindo assistência, reabilitação, desenvolvimento, cuidado da criação, justiça e a edificação da paz.

Estabelecida em 2001, a rede Miqueias hoje possui mais de 720 membros em 91 países.

Nossa visão nos inspira a buscar que as comunidades possam viver a vida em toda a sua plenitude, livres da extrema pobreza, da injustiça e dos conflitos. Com base no Evangelho e nos tornando agentes de transformação em nossas comunidades, trabalhamos para isto de três maneiras:

- sendo catalisadores da missão transformadora através da promoção da missão integral;

- trabalhando como um movimento em busca de uma resposta unificada na defesa da redução da pobreza, da justiça, da igualdade, da reconciliação, da segurança e do bem-estar para todos;

tendo comunhão como uma rede, oferecendo uma plataforma para o aprendizado compartilhado, reflexão e ação corporativa e facilitação de um centro de informação.

O que nos motiva em nosso chamado à ação está em Miqueias 6:8:

O que o Senhor requer de ti? Que pratique a justiça, ame a fidelidade e ande humildemente com o seu Deus.

Reconhecimentos

A Miqueias Global tem o compromisso de disponibilizar nossos materiais em nossos diferentes idiomas. Isto exige um grande investimento de recursos e tempo.

Esta tradução para o português não teria sido possível sem o trabalho realizado pela Tearfund Brasil.

Um agradecimento em especial ao Paul Ueti, pela revisão e edição da tradução em português, e à Tatiana Raineri, pela correção do texto.

Gratos à Heather Bailey pela configuração.